LOIS, DÉCRETS ET RÈGLEMENTS

CONCERNANT LE COURTAGE DES MARCHANDISES

COMPAGNIE

DES

COURTIERS

ASSERMENTÉS

AU TRIBUNAL DE COMMERCE DE LA SEINE

PARIS

IMPRIMERIE PAUL DUPONT

4, RUE DU BOULOI, 4

MAI 1898

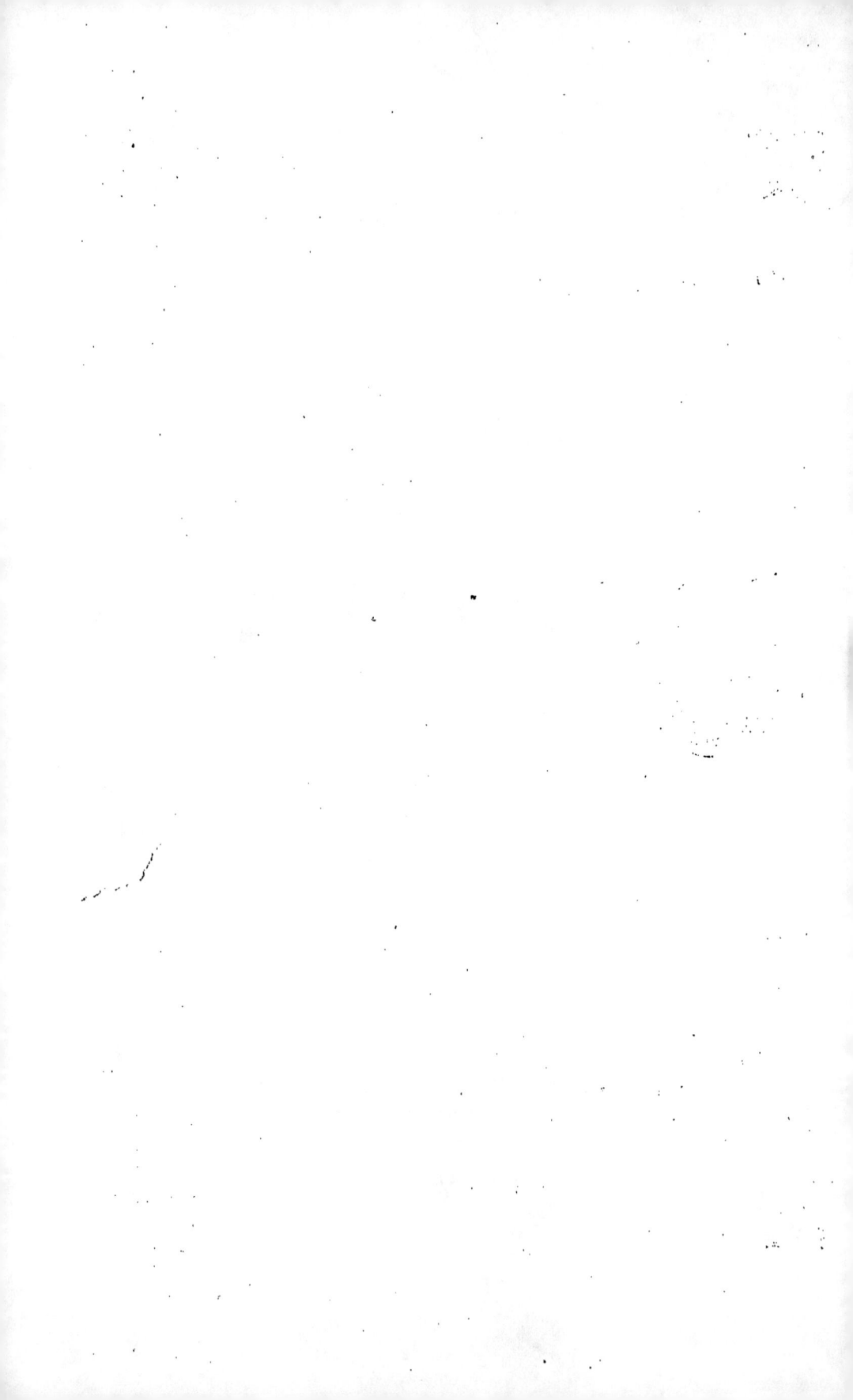

LOIS, DÉCRETS ET RÈGLEMENTS

CONCERNANT LE COURTAGE DES MARCHANDISES

COMPAGNIE

DES

COURTIERS

ASSERMENTÉS

AU TRIBUNAL DE COMMERCE DE LA SEINE

PARIS

IMPRIMERIE PAUL DUPONT

4, RUE DU BOULOI, 4

MAI 1898

BULLETIN DES LOIS

N° 14,444

—

LOI SUR LES COURTIERS DE MARCHANDISES

DU 18 JUILLET 1866

NAPOLÉON, par la grâce de Dieu et la volonté nationale, Empereur des Français, à tous présents et à venir, salut.

Avons sanctionné et sanctionnons, promulgué et promulguons ce qui suit :

LOI

Extrait du procès-verbal du Corps législatif.

Le Corps législatif a adopté le projet de loi dont la teneur suit :

TITRE Ier

DE L'EXERCICE DE LA PROFESSION DE COURTIER

DE MARCHANDISES.

Art. 1er. A partir du 1er janvier 1867, toute personne sera libre d'exercer la profession de courtier de marchandises, et les dispositions contraires du Code de commerce, des lois, décrets, ordonnances et arrêtés actuellement en vigueur seront abrogées.

2. Il pourra être dressé par le tribunal de commerce une liste des courtiers de marchandises de la localité qui auront demandé à y être inscrits.

Nul ne pourra être inscrit sur ladite liste s'il ne justifie : 1° de sa moralité par un certificat délivré par le maire ; 2° de sa capacité professionnelle par l'attestation de cinq commerçants de la place faisant partie des notables chargés d'élire le tribunal de commerce ; 3° de l'acquittement d'un droit d'inscription une fois payé au Trésor. Ce droit d'inscription, qui ne pourra excéder trois mille francs, sera fixé, pour chaque place, en raison de son importance commerciale, par un décret rendu en la forme des règlements d'administration publique, et cessera d'être exigé à l'époque où sera amortie l'avance du Trésor, dont il sera parlé à l'article 17.

Aucun individu en état de faillite, ayant fait abandon de biens ou atermoiement sans s'être depuis réhabilité, ou ne jouissant pas des droits de citoyen français, ne pourra être inscrit sur la liste dont il vient d'être parlé.

Tout courtier inscrit sera tenu de prêter, devant le tribunal de commerce, dans la huitaine de son inscription, le serment de remplir avec honneur et probité les devoirs de sa profession.

Il sera également tenu de se soumettre, en tout ce qui se rapporte à la discipline de sa profession, à la juridiction d'une chambre syndicale, qui sera établie comme il est dit à l'article suivant.

3. Tous les ans, dans le courant d'août, * les courtiers inscrits éliront parmi eux les membres qui devront composer, pour l'année, la chambre syndicale.

L'organisation et les pouvoirs disciplinaires de cette chambre seront déterminés dans un règlement dressé pour chaque place par le tribunal de commerce, après avis de la chambre de commerce ou de la chambre consultative des arts et manufactures.

Ce règlement sera soumis à l'approbation du ministre de l'agriculture, du commerce et des travaux publics.

* Modifié par la loi du 22 mars 1893 (Voir page 15).

La chambre syndicale pourra prononcer, sauf appel devant le tribunal de commerce, les peines disciplinaires suivantes :

L'avertissement ;

La radiation temporaire ;

La radiation définitive, sans préjudice des actions civiles à intenter par les tiers intéressés, ou même de l'action publique, s'il y a lieu.

Si le nombre des courtiers inscrits n'est pas suffisant pour la constitution d'une chambre syndicale, le tribunal de commerce en remplira les fonctions.

4. Les ventes publiques de marchandises aux enchères et en gros qui, dans les divers cas prévus par la loi, doivent être faites par un courtier, ne pourront être confiées qu'à un courtier inscrit sur la liste dressée conformément à l'article 2, ou, à défaut de liste, désigné, sur la requête des parties intéressées, par le président du tribunal de commerce.

5. A défaut d'experts désignés d'accord entre les parties, les courtiers inscrits pourront être requis pour l'estimation des marchandises déposées dans un magasin général.

Si le courtier requis dans le cas prévu par le paragraphe qui précède réclame plus d'une vacation, il sera statué par le président du tribunal de commerce, sans frais et sans recours.

6. Le courtier chargé de procéder à une vente publique, ou qui aura été requis pour l'estimation de marchandises déposées dans un magasin général, ne pourra se rendre acquéreur, pour son compte, des marchandises dont la vente ou l'estimation lui aura été confiée.

Le courtier qui aura contrevenu à la disposition qui précède sera rayé par le tribunal de commerce, statuant disciplinairement et sans appel, sur la plainte d'une partie intéressée ou d'office, de la liste des courtiers inscrits, et ne pourra plus y être inscrit de nouveau, sans préjudice de l'action des parties en dommages-intérêts.

7. Tout courtier qui sera chargé d'une opération de courtage pour une affaire où il avait un intérêt personnel, sans en prévenir les parties auxquelles il aura servi d'intermédiaire, sera poursuivi devant le tribunal de police correctionnelle et puni d'une amende de cinq cents francs à trois mille francs, sans préjudice de l'action des parties en dommages-intérêts. S'il était inscrit sur la liste des courtiers dressée conformément à l'article 2, il en sera rayé et ne pourra plus y être inscrit de nouveau.

8. Les droits de courtage pour les ventes publiques et la quotité de chaque vacation due au courtier, pour l'estimation des marchandises déposées dans un magasin général, continueront à être fixés, pour chaque localité, par le ministre de l'agriculture, du commerce et des travaux publics, après avis de la chambre et du tribunal de commerce.

9. Dans chaque ville où il existe une Bourse de commerce, le cours des marchandises sera constaté par les courtiers inscrits, réunis, s'il y a lieu, à un certain nombre de courtiers non inscrits et de négociants de la place, dans la forme qui sera prescrite par un règlement d'administration publique.

TITRE II

DE L'INDEMNITÉ A PAYER AUX COURTIERS DE MARCHANDISES ACTUELLEMENT EN EXERCICE.

10. Les courtiers de marchandises actuellement en exercice seront indemnisés de la perte du droit de présenter leur successeur, qui avait été accordé par l'article 91 de la loi du 28 avril 1816.

11. Dans chaque place, l'indemnité sera égale à la valeur des offices de courtiers de marchandises de la place,

déterminée d'après le prix moyen des cessions d'offices de cette catégorie, effectuées dans les sept années antérieures au 1er juillet 1864.

Toutefois, dans les villes où la commission dont il sera ultérieurement parlé aura constaté que la clientèle était habituellement comprise dans les éléments qui servaient à déterminer le prix de cession des offices, la commission pourra décider qu'une quote-part des indemnités fixées comme il est dit ci-dessus, qui ne pourra excéder vingt pour cent, sera mise en commun et répartie entre les différents courtiers de la place, au prorata des produits de leur office de courtiers de marchandises pendant les sept années antérieures au 1er juillet 1864.

12. Dans les villes où aucune cession d'office n'aurait eu lieu dans les sept années, ainsi que pour les offices qui, au 1er juillet 1864, étaient encore entre les mains d'un titulaire de la création, la commission fixera l'indemnité, sans qu'elle puisse être supérieure à quatre fois la moyenne annuelle des produits de l'office pendant les sept années antérieures au 1er juillet 1864.

13. Dans le cas où le même individu aurait été autorisé à cumuler les fonctions de courtier de marchandises avec celles d'agent de change, de courtier d'assurances ou de courtier conducteur et interprète de navires, et où il exercera ces diverses fonctions en vertu d'un titre unique, l'indemnité, déterminée conformément aux articles précédents, sera réduite dans la proportion de la valeur du titre réduit aux fonctions non supprimées.

14. Les droits privilégiés existant aujourd'hui sur le prix des offices s'exerceront sur les indemnités allouées en vertu de la présente loi.

15. Le montant de l'indemnité à payer aux courtiers sera fixé sur les bases ci-dessus indiquées, la chambre syndicale entendue, et après avis du préfet, de la chambre de commerce et du tribunal de commerce, par une com-

mission instituée à Paris par un décret de l'Empereur et composée de neuf membres.

Trois membres seront désignés par le ministre des finances.

Trois autres seront choisis dans chaque département, et pour les affaires de ce département, par les courtiers faisant partie des chambres syndicales, réunis par les soins et sous la présidence du préfet.

Les trois derniers membres nécessaires pour compléter la commission devront être choisis à l'unanimité par les six premiers.

Faute par ceux-ci de s'entendre dans le mois de la notification à eux faite de leur nomination, le choix de ceux des trois derniers membres qui n'auront pas été désignés à l'unanimité sera fait par le président et les présidents réunis de la Cour impériale de Paris.

Ses opérations commenceront dans les trois mois qui suivront la promulgation de la présente loi.

16. Le décret impérial qui instituera la commission en nommera le président et le secrétaire.

La commission ne pourra délibérer si elle ne compte au moins sept membres présents. En cas d'égalité de voix, celle du président sera prépondérante.

17. Les indemnités dues aux courtiers de marchandises en vertu des décisions de la commission nommée conformément à l'article 15 seront payées :

1° Un quart comptant le 1er janvier 1867 ;

2° Et les trois autres quarts, valeur au 1er janvier 1867, en dix annuités négociables, composées chacune de l'intérêt à quatre et demi pour cent et du fonds d'amortissement nécessaire pour opérer en dix ans, au même taux, la libération de l'État.

18. Le payement du quart des indemnités effectué par le Trésor lui sera remboursé en capital et intérêts à quatre

pour cent à partir de l'année 1867, et le service des annuités sera assuré au moyen des ressources suivantes : .

1° Le montant des droits d'inscription qui seront payés par les courtiers inscrits, par application de l'article 2 ;

2° L'excédent du produit en principal et centimes additionnels établis au profit de l'État, des taxes des patentables mentionnés en l'article 20, réglées conformément audit article sur le produit des taxes des mêmes patentables réalisées en 1866.

En cas d'insuffisance desdites ressources, il sera pourvu aux voies et moyens par une loi spéciale.

19. Il sera dressé, tous les ans, dans la forme à déterminer par un règlement d'administration publique, un compte spécial dans lequel les ressources énoncées au précédent article seront appliquées :

1° Aux services des annuités ;

2° Aux intérêts de l'avance faite par le Trésor pour le quart payé comptant;

3° A l'amortissement de ladite avance jusqu'à concurrence du montant des ressources de l'année.

Ce compte sera l'objet d'un rapport à l'Empereur, qui sera communiqué au Corps législatif.

20. Les patentables qui sont actuellement compris dans la législation des patentes sous la dénomination de *commissionnaires en marchandises, courtiers de marchandises, facteurs de denrées et marchandises et représentants de commerce*, ainsi que tous les individus qui prêtent leur entremise pour l'achat et la vente des marchandises, ou qui achètent ou vendent des marchandises pour le compte de tiers, et dont la profession n'est pas spécialement dénommée dans les tableaux annexés aux lois de patentes, seront assujettis, à partir de 1867, aux droits de patente fixés comme il suit :

A Paris. . . . . 400 fr.

Dans les villes de cinquante mille âmes et au-dessus. 300

Dans les villes de trente mille à cinquante mille âmes et dans les villes de quinze mille à trente mille âmes qui ont un entrepôt réel 200

Dans les villes de quinze mille à trente mille âmes et dans les villes d'une population inférieure à quinze mille âmes qui ont un entrepôt réel. . 150

Dans les autres communes 75

Droit proportionnel au quinzième.

Si les opérations que font les patentables ci-dessus énumérés ou auxquelles ils prêtent leur entremise ont pour objet habituel la vente aux marchands détaillants et aux consommateurs, les droits de patente seront ceux de la quatrième classe du tableau A annexé à la loi du 25 avril 1844.

Délibéré en séance publique, à Paris, le 29 juin 1866.

Le Président,
Signé. A. WALEWSKI.

Les Secrétaires,
Signé : H. BUSSON-BILLAULT, SÉVERIN, ABBATUCCI, ALFRED DARIMON, LAFOND DE SAINT-MUR.

Extrait du procès-verbal du Sénat.

Le Sénat ne s'oppose pas à la promulgation de la loi relative à l'exercice de la profession de courtier de marchandises :

Délibéré et voté en séance, au palais du Sénat, le 6 juillet 1866.

Le Président,
Signé : TROPLONG.

Les Secrétaires,
Signé : FERDINAND BARROT, comte BOULAY (de la Meurthe), général baron CHARON.

Vu et scellé du sceau du Sénat :
Le Sénateur Secrétaire,
Signé : FERDINAND BARROT.

BULLETIN DES LOIS

N° 14,778

—

DÉCRET IMPÉRIAL

PORTANT RÈGLEMENT D'ADMINISTRATION PUBLIQUE

Pour l'exécution de l'article 9 de la Loi
du 18 juillet 1866

SUR LES

COURTIERS DE MARCHANDISES

Du 22 Décembre 1866

—

NAPOLÉON, par la grâce de Dieu et la volonté nationale, Empereur des Français, à tous présents et à venir, salut.

Sur le rapport de notre ministre, secrétaire d'État au département de l'agriculture, du commerce et des travaux publics ;

Vu l'article 9 de la loi du 18 juillet 1866 sur les courtiers de marchandises, ledit article ainsi conçu :

« Art. 9. Dans chaque ville où il existe une bourse de
« commerce, le cours des marchandises sera constaté par
« les courtiers inscrits, réunis, s'il y a lieu, à un certain
« nombre de courtiers non inscrits et de négociants de la
« place, dans la forme qui sera prescrite par un règlement
« d'administration publique ; »

Notre Conseil d'État entendu,

Avons décrété et décrétons ce qui suit :

Art. 1er. Dans les villes où il existe une liste de courtiers de marchandises dressée par le tribunal de commerce, le cours des marchandises est constaté par les courtiers inscrits sur ladite liste.

2. Toutefois, dans le cas où les courtiers inscrits ne représenteraient pas suffisamment tous les genres de commerce ou d'opérations qui se pratiquent sur la place, la Chambre de commerce, après avis de la Chambre syndicale des courtiers inscrits, peut décider qu'un certain nombre de courtiers non inscrits et de négociants de la place se réuniront aux courtiers inscrits pour concourir avec eux à la constatation du cours des marchandises. Elle fixe, en ce cas, le nombre de courtiers non inscrits et de négociants de la place qui feront partie de la réunion chargée de constater le cours, et les désigne.

3. Il est procédé chaque année à l'exécution du précédent article.

Les courtiers non inscrits et les négociants de la place, désignés conformément aux dispositions qui précèdent, ne peuvent faire partie que pendant une année de la réunion chargée de constater le cours des marchandises. Ils peuvent être désignés de nouveau après un intervalle d'une année.

4. Si, dans le cours de l'année, un des courtiers non inscrits et des négociants de la place désignés pour procéder, avec les courtiers inscrits, à la constatation du cours, vient à décéder, à donner sa démission ou n'assiste pas à trois réunions successives sans s'être fait excuser, il en est donné immédiatement avis à la Chambre de commerce, qui procède à une nouvelle désignation.

5. Dans les villes où il n'existe pas de courtiers inscrits, le cours des marchandises est constaté par des courtiers et des négociants de la place, désignés chaque année par la Chambre de commerce.

Le deuxième paragraphe de l'article 3 et l'article 4 sont applicables au cas prévu par le paragraphe qui précède.

6. La Chambre de commerce détermine les marchandises dont le cours doit être constaté, ainsi que les jours et les heures où la constatation doit avoir lieu.

7. La constatation du cours est faite, pour chaque spécialité de marchandises, par les membres de la réunion qui la représentent, réunis en section. Le tableau des membres qui composent chaque section est arrêté tous les ans par la Chambre de commerce, sur la proposition de la Chambre syndicale des courtiers inscrits.

La Chambre de commerce peut, si elle le juge convenable, décider que la constatation du cours sera faite par la réunion générale, sans division par spécialité.

8. La présidence de la réunion générale des membres chargés de constater le cours des marchandises appartient au président de la Chambre syndicale des courtiers inscrits.

S'il n'y a pas de Chambre syndicale, le président de la réunion générale est désigné chaque année par la Chambre de commerce.

Le président de la réunion générale désigne celui qui le remplace en cas d'absence.

9. Lorsque la réunion se divise par sections, conformément aux dispositions du paragraphe 1er de l'article 7, le président de la réunion générale préside la section dont il fait partie et désigne les présidents des autres sections.

10. Les décisions sont prises, dans les réunions générales ainsi que dans les réunions de sections, à la majorité des membres présents.

En cas de partage, la voix du président est prépondérante.

11. Les mesures d'exécution que pourrait exiger l'application des règles ci-dessus prescrites seront prises par arrêté du préfet, sur la proposition de la Chambre de com-

merce, après avis du Tribunal de commerce et de la Chambre syndicale des courtiers inscrits.

12. Jusqu'à ce que l'organisation du service de la constatation du cours des marchandises soit établie sur les bases ci-dessus déterminées, il sera pourvu à ce service par les courtiers de marchandises actuellement en exercice et suivant le mode en usage.

13. Notre ministre secrétaire d'État au département de l'agriculture, du commerce et des travaux publics, est chargé de l'exécution du présent décret, qui sera inséré au *Bulletin des Lois* et publié, dans les villes où il existe une Bourse de commerce, de la manière indiquée par l'ordonnance royale du 18 janvier 1817 (1), pour être exécuté à partir du 1er janvier 1867.

Fait au palais des Tuileries, le 22 décembre 1866.

Signé : NAPOLÉON,

Par l'Empereur :

Le Ministre secrétaire d'État au département de l'agriculture, du commerce et des travaux publics,

Signé : ARMAND BÉHIC.

-----

(1) viie série. *Bull.* 134, n° 1622.

BULLETIN DES LOIS

DE LA RÉPUBLIQUE FRANÇAISE

N° 1544

RÉPUBLIQUE FRANÇAISE

N° 26328. *LOI qui modifie l'article 3 de la loi du 18 juillet 1866 sur les Courtiers de marchandises.*

Du 22 Mars 1893.

(Promulguée au *Journal officiel* du 23 mars 1893.)

Le Sénat et la Chambre des députés ont adopté,

Le Président de la République promulgue la loi dont la teneur suit :

Article unique. Le paragraphe 1er de l'article 3 de la loi du 18 juillet 1866 sur les courtiers de marchandises est modifié ainsi qu'il suit :

« Tous les ans, à l'époque fixée par le règlement de chaque Compagnie, les courtiers inscrits éliront parmi eux les membres qui devront composer, pour l'année suivante, la chambre syndicale. »

La présente loi, délibérée et adoptée par le Sénat et par la Chambre des députés, sera exécutée comme loi de l'État.

Fait à Paris, le 22 mars 1893.

Signé : CARNOT.

Le Ministre du commerce, de l'industrie et des colonies,
Signé : JULES SIEGFRIED.

RÈGLEMENT

DÉTERMINANT

L'ORGANISATION ET LES POUVOIRS DISCIPLINAIRES

DE LA CHAMBRE SYNDICALE

DES COURTIERS DE MARCHANDISES

INSCRITS

SUR LA LISTE DRESSÉE PAR LE TRIBUNAL DE COMMERCE

Du Département de la Seine

Le Tribunal,

Vu la loi du 18 juillet 1866 ;

Vu la loi du 22 mars 1893 ;

Vu l'avis de la Chambre de Commerce de Paris ;

Vu la délibération du Tribunal, en date du 15 décembre 1866, déclarant qu'il sera dressé une liste des courtiers de marchandises de la localité qui auront demandé à y être inscrits ;

Dans le but de déterminer l'organisation et les pouvoirs disciplinaires de la Chambre syndicale des courtiers inscrits par le Tribunal ;

Vu les délibérations du Tribunal des 8 octobre 1897 et 15 février 1898 apportant certaines modifications à cette organisation ;

Arrête le Règlement dont la teneur suit :

CHAPITRE PREMIER

Organisation de la Chambre Syndicale

ARTICLE PREMIER.

§ 1. — Les courtiers inscrits, lorsqu'ils seront au nombre de six au moins, se réuniront tous les ans, au Palais de la Bourse du Commerce, en Assemblée générale, pour élire parmi eux les membres qui devront composer, pour l'année, la Chambre syndicale.

§ 2. — Cette Assemblée sera convoquée, huit jours à l'avance, par le Président de la Compagnie, ou à son défaut, par son substitué dans les termes de l'article 2. Elle ne sera valablement constituée qu'autant que la moitié plus un des courtiers seront présents, et ses décisions, pour être valables, devront réunir la majorité absolue des voix des membres présents.

§ 3. — Dans le cas où l'Assemblée ne serait pas en nombre suffisant pour délibérer valablement, une seconde convocation serait faite dans les mêmes formes que la première, pour une nouvelle assemblée se réunir, huit jours au plus tôt et quinze jours au plus tard, après celle qui n'aurait pu avoir lieu. Les décisions prises par cette Assemblée sont valables, quel que soit le nombre des membres présents.

§ 4. — L'Assemblée sera présidée par le Président de la Compagnie, avec l'assistance de deux scrutateurs et d'un secrétaire, qui seront les deux plus âgés et le plus jeune des membres présents. En cas d'empêchement, le Président sera remplacé comme il est prescrit à l'article 2.

§ 5. — Le bureau, ainsi composé, décidera toutes les questions relatives à l'élection ; la voix du Président est prépondérante en cas de partage.

§ 6. — Il sera dressé procès-verbal des opérations électorales.

§ 7. — Ce procès-verbal sera porté sur le registre des délibérations de la Chambre syndicale et signé par tous les membres du bureau.

§ 8. — La Chambre syndicale sera composée de trois membres au moins, et douze membres au plus, parmi lesquels seront nommés un Président, un Syndic rapporteur, un Secrétaire et un Trésorier, sans toutefois que le nombre total des membres de la Chambre puisse excéder la moitié de celui des courtiers inscrits.

§ 9. — Dans le cas où la Chambre syndicale ne serait composée que de trois membres, le Secrétaire remplirait, en outre, les fonctions de Trésorier.

§ 10. — La nomination des membres de la Chambre syndicale sera faite au scrutin secret et à la majorité des membres présents à l'Assemblée générale.

§ 11. — Le Président, le Syndic rapporteur, le Secrétaire et le Trésorier seront nommés au scrutin individuel, et les autres membres au scrutin de liste. Ces derniers prendront rang, dans la Chambre, dans l'ordre des suffrages obtenus, et, en cas d'égalité, la priorité appartiendra au plus âgé.

ART. 2.

En cas d'empêchement, le Président sera remplacé par le Syndic rapporteur, et, à défaut de celui-ci, par un membre de la Chambre, en suivant l'ordre d'élection ci-dessus indiqué, ou enfin, à défaut de membre de la Chambre, par le plus ancien courtier inscrit.

ART. 3.

§ 1. — Nul ne pourra être élu membre de la Chambre s'il n'est inscrit depuis deux ans. Le Président devra compter au moins quatre ans d'inscription.

§ 2. — Tout courtier frappé d'une peine disciplinaire ne pourra faire partie de la Chambre, pendant l'année qui suivra la décision, si cette peine est celle de l'avertissement, et pendant deux années, s'il s'agit de la radiation temporaire.

§ 3. — Celui qui aura été radié temporairement ne pourra être nommé Président de la Chambre.

Art. 4.

§ 1. — La Chambre syndicale ne peut valablement délibérer qu'autant que la moitié plus un des membres qui la composent sont présents.

§ 2. — Les délibérations sont prises à la majorité des voix ; en cas de partage, la voix du Président est prépondérante.

§ 3. — Les procès-verbaux des délibérations sont transcrits sur un registre spécial, coté et paraphé par le Président du tribunal de commerce, et sont signés par le Président et le Secrétaire de la Chambre.

Art. 5.

§ 1. — La Chambre syndicale a pour mission de veiller à ce que les courtiers inscrits remplissent avec honneur et probité les devoirs de leur profession et à l'exécution des lois et règlements qui les régissent.

§ 2. — Elle est, en outre, chargée d'assurer, en ce qui concerne les courtiers inscrits, la constatation loyale et régulière du cours des marchandises, dans la forme prescrite par le règlement d'administration publique.

§ 3. — Elle veille à la défense des droits des courtiers inscrits.

Art. 6.

La Chambre syndicale propose à l'Assemblée générale, les mesures nécessaires pour assurer le payement des frais et dépenses et l'organisation des bureaux de la Compagnie.

CHAPITRE II

Pouvoirs disciplinaires

ART. 7.

LaChambre syndicale peut prononcer, sauf appel devant le tribunal de commerce, les peines disciplinaires suivantes :

L'avertissement ;

La radiation temporaire ;

La radiation définitive.

ART. 8.

§ 1. — Est passible de l'avertissement, le courtier qui ne s'est pas présenté pour la constatation du cours des marchandises à son tour d'inscription, ou lorsqu'il a été appelé par la Chambre syndicale, s'il ne fournit pas d'excuses valables.

§ 2. — Le courtier qui refuse les renseignements qui lui sont demandés par la Chambre pour la constatation du cours des marchandises.

§ 3. — Le courtier convaincu d'irrévérence envers un ou plusieurs membres de la Chambre dans l'exercice ou à l'occasion de leurs fonctions.

ART. 9.

§ 1. — Est passible de la radiation temporaire, le courtier qui, indépendamment des livres prescrits par les articles 8 et 9 du Code de commerce, ne tient pas régulièrement un livre spécial, revêtu des formes prescrites par l'article 2 du même Code, et mentionnant, jour par jour et par ordre de date, sans ratures, interlignes, ni transpositions, et sans abréviations, toutes les conditions des opérations de courtage faites par son entremise.

§ 2. — Celui qui se rend coupable d'injures graves

envers un ou plusieurs membres de la Chambre syndicale dans l'exercice ou à l'occasion de leurs fonctions.

§ 3. — Celui qui manque à l'observation des lois et règlements qui régissent les courtiers.

§ 4. — Celui qui, dans la même année, aurait déjà encouru trois fois la peine de l'avertissement.

§ 5. — Enfin et après le délai passé d'une mise en demeure, celui qui aura refusé de payer la cotisation votée par l'Assemblée générale.

§ 6. — La radiation temporaire ne peut être prononcée pour moins de quinze jours ni plus de trois mois.

ART. 10.

§ 1. — Est passible de la radiation définitive, le courtier inscrit qui, sans en avoir prévenu les parties auxquelles il aura servi d'intermédiaire, se sera chargé d'une opération de courtage, pour une affaire où il avait un intérêt personnel.

§ 2. — Celui qui aura commis un acte ou subi une condamnation de nature à porter atteinte à son honneur ou à sa considération.

§ 3. — Celui qui aura formé une association avec une personne autre qu'un courtier inscrit, pour l'exercice de la profession de courtier.

§ 4. — Celui qui aura déjà subi trois fois la peine de radiation temporaire, pourra être radié définitivement.

ART. 11.

§ 1. — Le courtier inscrit poursuivi disciplinairement est entendu par la Chambre, après avoir été appelé devant elle par lettre du Syndic rapporteur.

§ 2. — Il lui est donné connaissance de la décision par le Président en présence de la Chambre assemblée, soit de suite, soit dans une séance ultérieure.

§ 3. — Si le courtier dûment convoqué ne se rend pas

à la convocation, la Chambre peut passer outre et le courtier est avisé de la décision par lettre du Président.

§ 4. — S'il le requiert, il lui est délivré expédition de la décision.

§ 5. — Toute décision de la Chambre doit être motivée.

ART. 12.

§ 1. — L'appel des décisions disciplinaires prononcées par la Chambre syndicale sera porté devant le Tribunal de commerce par voie de requête adressée aux Président et membres qui le composent, contenant les motifs à l'appui de l'appel.

§ 2. — Cet appel sera communiqué par le greffier au Secrétaire de la Chambre syndicale, et par lui visé et mentionné sur le registre des délibérations.

ART. 13.

Lorsqu'il y aura lieu de retrancher de la liste un courtier inscrit, soit à raison de son décès, soit pour toute autre cause, le Président de la Chambre syndicale transmettra au Président du Tribunal de commerce tous les renseignements nécessaires.

ART. 14.

§ 1. — La Chambre syndicale fera imprimer et afficher le présent Règlement dans le local de ses séances et dans l'intérieur du Tribunal de commerce et de la Bourse du commerce.

§ 2. — Un exemplaire sera remis à tout courtier inscrit au moment de son entrée en fonctions.

Ainsi délibéré par le Tribunal de commerce de la Seine dans ses Assemblées générales des 8 octobre 1897 et 15 février 1898.

Le Président du Tribunal,

Signé : F. Goy.

Le Greffier en chef,

Signé : A. GLANDAZ.

Pour copie conforme :

Le Greffier en chef,

Signé : A. GLANDAZ.

Vu et approuvé :

Le Ministre du Commerce, de l'Industrie, des Postes et des Télégraphes,

Signé : HENRY BOUCHER.

RÈGLEMENT

POUR DÉTERMINER

L'ORGANISATION INTÉRIEURE

DE LA

COMPAGNIE DES COURTIERS

Assermentés au Tribunal de Commerce de la Seine

La Chambre Syndicale,

Vu l'article 6 du règlement arrêté par le Tribunal de Commerce en date des 8 octobre 1897 et 15 février 1898, approuvé par M. le Ministre du Commerce, de l'Industrie, des Postes et des Télégraphes ;

Vu les délibérations prises dans les Assemblées générales des Courtiers assermentés des 18 avril 1867, 17 avril 1893, 23 décembre 1896 et 22 décembre 1897 ;

Arrête le règlement dont la teneur suit :

TITRE PREMIER.

Des Assemblées générales.

ARTICLE PREMIER.

§ 1. — L'Assemblée générale des courtiers inscrits a lieu de droit dans le courant du mois de décembre, en conformité de la décision de l'Assemblée générale extraordinaire du 17 avril 1893.

Cette décision peut toujours être modifiée par un vote de l'Assemblée générale.

§ 2. — L'Assemblée générale est valablement constituée par la présence de la moitié plus un des membres inscrits au tableau.

3

§ 3. — Les délibérations sont prises à la majorité absolue des voix des membres présents. Le scrutin secret a lieu toutes les fois qu'il est demandé par le 1/4 des membres présents. En cas de partage constaté par un double scrutin, la voix du Président est prépondérante.

§ 4. — Indépendamment des membres de la Chambre syndicale, l'Assemblée nomme deux vérificateurs des comptes de l'année.

§ 5. — Elle se réunit extraordinairement sur la demande écrite et motivée du tiers des membres de la Compagnie, ou lorsque la Chambre syndicale en reconnaît l'utilité. Le mode de convocation est le même que pour l'assemblée générale ordinaire.

Art. 2.

Les Assemblées générales se tiennent à la Bourse du Commerce. Tous les courtiers doivent y assister.

Art. 3.

Aucune expédition ni aucun extrait des procès-verbaux des délibérations ne peuvent être délivrés sans autorisation écrite de la Chambre syndicale.

Art. 4.

§ 1. — L'Assemblée générale prononce :

1° Sur le droit d'entrée et le droit de sortie ;

2° Sur le budget présumé de l'année, sur la quotité des cotisations à payer par chaque membre de la Compagnie ;

3° Sur le placement des fonds libres de la Compagnie, et sur toutes les affaires d'un intérêt général.

§ 2. — Toutes discussions politiques, sur les lois en vigueur, ou sur tout sujet étranger à la Compagnie, sont formellement interdites.

Art. 5.

§ 1. — Chaque membre présent à l'Assemblée générale a droit à un jeton de présence.

§ 2. — Tout membre absent, sans cause jugée légitime par la Chambre syndicale, est passible d'une amende de quatre jetons.

§ 3. — Le droit de présence n'est acquis qu'aux membres qui, après avoir répondu au premier appel après la lecture du procès-verbal, répondront encore aux appels successifs qui pourront avoir lieu pendant la séance.

§ 4. — Les membres chargés de la verification des comptes reçoivent chacun trois jetons.

Art. 6.

Aucun membre ne peut prendre la parole que suivant l'ordre d'inscription tenu par le Président. Tout courtier qui s'écarte de la question y est ramené par le Président. Tout courtier qui s'énonce d'une manière inconvenante est rappelé à l'ordre et peut être privé de la parole par le Président. Tout courtier qui excite du trouble dans l'Assemblée est également rappelé ; en cas de persistance ou de récidive, il peût être exclu de la séance par décision de l'Assemblée.

Art. 7.

§ 1. — L'exercice financier commence le 1er octobre pour finir le 30 septembre de l'année suivante.

§ 2. — Le recouvrement des cotisations a lieu par moitié, première quinzaine d'octobre et première quinzaine d'avril de chaque année.

§ 3. — Dans le cas où, pendant le cours de l'exercice, la cotisation votée serait insuffisante pour couvrir les dépenses de la Compagnie, une Assemblée générale convoquée extraordinairement déterminera le supplément de cotisation à acquitter par chacun des membres de la Compagnie.

Art. 8.

Chaque membre de la Compagnie est tenu d'acquitter sa cotisation dans les délais fixés à l'article 7 ; en cas d'un retard de plus d'un mois, il est fait au retardataire une retenue de cinq jetons, et s'il ne s'est pas libéré dans les deux mois qui suivent l'expiration du délai fixé ci-dessus, après une mise en demeure en Chambre syndicale, celle-ci peut prononcer la radiation temporaire du courtier, conformément à l'article 9, § 5, du Règlement du Tribunal, et procède contre lui au recouvrement de sa cotisation par toutes les voies de droit, en vertu du présent règlement.

TITRE II

De la Chambre syndicale

Art. 9.

§ 1. — La Chambre syndicale est composée en vertu de l'art. 3 de la loi du 18 juillet 1866 et de l'article 1er du Règlement du Tribunal de Commerce :

1° D'un Président ;

2° D'un Syndic rapporteur ;

3° D'un Secrétaire ;

4° D'un Trésorier ;

5° Et d'un membre au moins ou huit membres au plus, qui prennent la qualification d'adjoints.

§ 2. — Les membres sortants de la Chambre peuvent être indéfiniment réélus.

§ 3. — Dans le cas de décès ou de démission du Président, il est procédé immédiatement à son remplacement en Assemblée générale extraordinaire pour le temps restant à courir sur la durée de ses fonctions.

§ 4. — Dans le cas de maladie ou d'empêchement du Président, il est temporairement remplacé comme il est dit à l'article 2 du Règlement du Tribunal.

Art. 10.

1° Le Président a voix prépondérante en cas de partage d'opinions. Il a la police d'ordre dans la Chambre. Il signe les convocations de la Chambre et de la Compagnie. Il veille spécialement aux intérêts de la Compagnie;

2° Le Syndic rapporteur est saisi des réclamations de toute nature qui sont portées devant la Chambre. Il recueille les renseignements sur les affaires qui sont soumises à la Chambre syndicale et lui en fait son rapport. Il poursuit l'exécution de ses délibérations. Il requiert l'application du règlement;

3° Le Secrétaire rédige les délibérations de la Chambre. Il est gardien des archives et délivre toutes les expéditions ;

4° Le Trésorier est chargé sous le contrôle de la Chambre syndicale de la gestion des finances de la Compagnie ;

5° Le premier Adjoint est bibliothécaire ;

6° Les Adjoints sont spécialement chargés d'étudier les questions et de préparer les rapports qui doivent être soumis à la Chambre syndicale. Ils sont gardiens des types.

ART. 11.

Les membres de la Chambre syndicale doivent garder le secret sur les affaires de la Compagnie soumises aux délibérations de la Chambre.

ART. 12.

§ 1. — La Chambre syndicale se réunit une fois par mois, autant que possible dans la première semaine et plus souvent si elle le juge utile.

§ 2. — Elle peut, dans les circonstances où elle le juge convenable, appeler un ou plusieurs membres de la Compagnie à prendre part extraordinairement à ses délibérations ou à concourir au travail de ses Commissions. Dans ce cas, les membres appelés ont voix délibérative et droit de vote, concurremment avec les membres de la Chambre syndicale.

ART. 13.

§ 1. — Les membres de la Chambre syndicale et les membres de la Compagnie appelés extraordinairement, en vertu de l'article précédent, à prendre part à ses travaux, reçoivent un jeton de présence pour chacune des séances de la Chambre ou des Commissions auxquelles ils assistent.

§ 2. — Le Président de la Compagnie, ou, en cas d'empê-chement, le Syndic rapporteur, sont de droit présidents de toutes les Commissions.

ART. 14.

§ 1. — La correspondance de la Chambre est copiée au copie de lettres.

§ 2. — Les lettres expédiées sont signées par le Prési-dent, et en cas d'empêchement par le Syndic rapporteur, le Secrétaire, le Trésorier ou l'Adjoint qui le remplace.

ART. 15.

La Chambre syndicale a pour mission, en outre de celle que lui confère le Règlement du Tribunal :

1° De correspondre avec toutes autorités pour les ques-tions qui intéressent la Compagnie ou qui sont déférées à son examen ;

2° De connaître comme amiables compositeurs, et dans les limites déterminées par l'article 16 de l'arrêté du 29 germinal an IX, des contestations qui peuvent s'élever entre les membres de la Compagnie à l'occasion de leurs fonctions.

ART. 16.

§ 1. — La Chambre syndicale fait opérer les recettes. Elle autorise les dépenses, et en ordonnance le payement.

§ 2. — Le Trésorier est chargé de poursuivre le recou-vrement des recettes de toute nature.

ART. 17.

La Chambre syndicale présente tous les ans, à l'Assem-blée générale, le compte des recettes et des dépenses. Elle fait, en outre, un rapport sur tout ce qui intéresse la Compagnie.

ART. 18.

La Chambre syndicale nomme et révoque les employés de la Compagnie. Elle fixe leur traitement. Elle choisit également les membres du Conseil judiciaire de la Compagnie.

TITRE III

De l'Inscription sur le Tableau de la Compagnie des nouveaux courtiers assermentés.

ART. 19.

§ 1. — La Chambre syndicale invite le courtier qui vient de prêter serment à se présenter devant elle.

§ 2. — Elle le reçoit et inscrit son nom sur le Tableau de la Compagnie. Il participe dès lors aux charges communes. Il est redevable du droit d'entrée s'il ne l'a déjà acquitté et de la cotisation votée à la dernière Assemblée. Cette cotisation ne sera toutefois exigible que par fractions trimestrielles. Il lui est remis un exemplaire du présent règlement.

TITRE IV

Cours général et légal des marchandises.

ART. 20.

§ 1. — Le cours légal des marchandises est arrêté tous les jours à la Bourse du Commerce pour les articles cotés quotidiennement dans les bureaux de la Chambre syndicale des courtiers assermentés. Ils concourent tous successivement ou collectivement à la rédaction du cours dans les formes prescrites par le décret impérial du 22 décembre 1866.

§ 2. — Lorsqu'un ou plusieurs membres ne peuvent

coopérer à la rédaction du prix courant, il est pourvu à leur remplacement par le Président de la section.

ART. 21.

§ 1. — Conformément aux articles 7 et 9 du décret du 22 décembre 1866, le Président désigne chaque courtier à tour de rôle pour présider pendant une semaine la section dont il fait partie. Le courtier ainsi désigné a droit à un jeton de présence.

§ 2. — Tout courtier absent, sans cause jugée légitime par la Chambre syndicale, est puni d'une amende de deux jetons.

ART. 22.

Les réclamations que la rédaction du cours peut faire naître, sont jugées par la Chambre syndicale, qui entend la section et prend son avis avant de prononcer.

ART. 23.

Le cours légal des marchandises est affiché à la Bourse du Commerce. Un exemplaire est transmis chaque semaine aux autorités intéressées.

TITRE V
De l'Honorariat.
ART. 24.

§ 1. — Le courtier qui se retire de la Compagnie peut obtenir le titre de courtier honoraire, s'il a exercé avec distinction sa profession pendant vingt années, ou s'il a rendu des services importants.

§ 2. — Les demandes de cette nature sont adressées à la Chambre syndicale qui les soumet avec son avis à l'Assemblée générale.

§ 3. — La décision est prise au scrutin secret ; mais l'admission n'a lieu que si elle est prononcée à la majorité des trois quarts des voix des membres présents.

ART. 25.

En cas de décès d'un membre de la Compagnie ou d'un

oourtier honoraire, une députation de quatre membres tirés au sort par la Chambre syndicale et présidée par l'un de ses membres assiste aux obsèques.

Art. 26.

Les noms des courtiers honoraires sont inscrits au tableau. Ils peuvent être appelés à donner leur avis à la Chambre syndicale. Ils peuvent assister aux Assemblées générales, où ils ont voix consultative.

Art. 27.

§ 1. — Le titre de courtier honoraire peut se perdre comme il s'acquiert, par une décision de l'Assemblée générale prise à la majorité des voix des trois quarts des membres présents.

§ 2. — Tout courtier honoraire continuant à s'occuper d'affaires de courtage ou les reprenant après les avoir abandonnées, perdra par ce seul fait son titre de courtier honoraire.

TITRE VI

Art. 28.

La Compagnie pourra établir un fonds de réserve provenant de l'excédent des recettes sur les dépenses, et en régler la forme et les dispositions.

Art. 29.

Les modifications ultérieures qui pourraient être apportées au présent règlement, ne seront faites qu'avec la sanction de l'Assemblée générale des courtiers assermentés.

Délibéré en Séances générales les 18 avril 1867, 17 avril 1893, 23 décembre 1896 et 22 décembre 1897.

Paris.-Imp.PAUL DUPONT.— 1129,5.98.